SKILLS FOR SCHOOL
WORD SEARCHES

K

Brighter Child®
Carson Dellosa Education
Greensboro, North Carolina

Brighter Child®
Carson Dellosa Education
PO Box 35665
Greensboro, NC 27425 USA

© 2019 Carson Dellosa Education. Except as permitted under the United States Copyright Act, no part of this publication may be reproduced, stored, or distributed in any form or by any means (mechanically, electronically, recording, etc.) without the prior written consent of Carson Dellosa Education. Brighter Child® is an imprint of Carson Dellosa Education.

Printed in the USA • All rights reserved.
01-084197784

ISBN 978-1-4838-5400-7

Parts of Me

Find and circle the words in the puzzle.

k	a	x	p	m	y	b	g	i	v
w	q	k	f	y	d	w	l	a	w
l	m	r	z	f	z	b	e	d	c
e	v	d	e	j	i	x	g	b	f
a	n	m	y	k	u	k	r	q	s
i	m	a	e	h	h	o	k	c	l
f	o	r	r	a	m	p	d	p	o
o	u	m	z	n	d	z	i	h	y
o	t	z	h	d	y	y	r	v	h
t	h	j	w	e	u	c	e	e	c

arm
foot
hand
leg
mouth
eye

Short a Sounds

Find and circle the words in the puzzle.

```
c p s r h q d y t r
a r j y f x b y g e
n g c a z y y n b h
w e j a r w s n o p
e k w k u y c w z m
r t e w b d t z h n
a j s w a s s m j w
t f l a g e m f g e
r a z b p a v n v n
b n x t y c g n u w
```

jar
can
rat
bag
fan
flag

Who's That?

Find and circle the words in the puzzle.

```
w  v  y  i  d  g  i  r  l  k
f  i  h  s  e  j  q  y  g  k
y  d  f  m  a  n  k  s  t  k
x  e  b  m  d  l  b  w  o  f
j  m  u  u  z  p  a  o  v  e
d  g  b  f  s  e  b  m  w  l
g  q  f  b  o  y  y  a  x  b
b  a  p  e  r  s  o  n  s  q
m  s  b  a  l  q  k  t  i  y
f  d  w  y  w  l  p  x  r  j
```

baby
boy
girl
man
woman
person

Eat Your Veggies

Find and circle the words in the puzzle.

```
r e p h o p c t d u
c w w q m o r l e u
y k y x r t d p j q
g z n m y a r o b e
s r l e t t u c e u
f h h o r o d a a i
p m k n f h v r n s
d q a i z c o r n x
w u m o p i i o v p
c r b n n l p t g i
```

carrot
lettuce
corn
bean
onion
potato

WORD SEARCHES

Around the House

Find and circle the words in the puzzle.

```
z i y u j r u q p h
p o f a n d d o v c
b y y j l z t d b l
a b c a t m p r e a
t v h g j y w o d m
k p a b m k c h k p
v x i c o u c h g m
e s r g r p w n s c
l x t a b l e n k m
r u g c j j j x x j
```

chair
bed
rug
table
couch
lamp

Short e Sounds

Find and circle the words in the puzzle.

```
p x v a m i t c q
q n b u e t j e m r
j g f z g y a e q p
q y q d a p m k i k
z g y l s b h w p q
t m g h u n q p s o
c b e l l e h e u d
g l n m p t e n w s
h c x g b u m d m t
r w e b h j e t w d
```

bell
jet
pen
web
net
ten

WORD SEARCHES

8

SKILLS FOR SCHOOL

Horsing Around

Find and circle the words in the puzzle.

v	m	n	a	x	d	r	p	c	q
p	p	d	a	f	d	h	c	j	c
o	o	a	o	c	e	o	g	e	w
n	k	p	h	o	e	r	g	d	y
y	w	t	l	n	r	s	s	q	f
f	a	w	m	u	l	e	o	z	q
e	y	s	g	o	a	t	l	m	y
t	d	o	n	k	e	y	z	h	a
w	j	x	r	e	p	y	n	w	g
m	x	a	x	n	w	f	u	m	f

horse
donkey
deer
goat
mule
pony

Opposites

Find and circle the words in the puzzle.

w	i	o	b	p	m	c	l	v	g
j	d	h	u	i	e	x	z	j	f
t	x	o	f	f	y	j	q	c	c
t	h	t	v	l	p	k	f	v	z
h	x	r	b	i	g	d	d	c	c
x	x	o	w	t	s	z	p	w	e
l	n	n	a	t	z	h	x	a	o
e	p	c	o	l	d	c	a	l	a
t	r	v	k	e	i	y	q	u	g
d	f	d	d	h	y	l	p	t	t

big
little
hot
cold
on
off

That's Colorful!

Find and circle the words in the puzzle.

```
d y h h x l a y u l
h m b i e j s z w z
y e l l o w a l k c
r e d d y m p y j f
p i x k b k a v w g
u h b v b g r n h i
r b l a c k e n i q
p k u k n g c i t m
l z e k c u f h e w
e s c i l e d b d u
```

black
blue
purple
yellow
white
red

Short i Sounds

Find and circle the words in the puzzle.

y	h	h	z	b	q	t	h	w	b
a	d	i	r	v	f	d	j	a	n
c	e	t	i	m	r	h	d	h	x
f	m	e	n	f	d	c	w	s	s
h	w	i	g	w	r	l	t	l	z
b	z	k	i	n	g	i	x	p	d
y	f	j	s	h	i	p	j	i	d
x	t	g	z	o	f	w	n	a	k
d	i	j	z	q	t	p	p	q	w
r	l	h	j	l	e	w	a	z	u

wig
ring
king
gift
lip
ship

Weather Words

Find and circle the words in the puzzle.

```
p e y m t g h n k t
o i g n r h s h n f
j r t x a g v t p a
g u r a i n t c r f
c l e g n a h f s x
l z v f b d u s n y
o w f s o o n t o c
u b g q w p d o w j
d t m k x n e r o u
r b a f t e r m e z
```

cloud
rain
rainbow
snow
storm
thunder

My Pet

Find and circle the words in the puzzle.

e	b	l	m	z	u	f	k	q	r
q	y	b	e	z	i	d	s	y	g
f	y	z	r	p	n	o	x	o	j
b	r	j	x	b	u	g	y	v	k
w	a	g	t	m	c	u	e	i	t
v	b	r	c	l	a	u	o	s	u
k	b	h	p	q	t	j	i	d	r
f	i	s	h	n	n	i	p	e	t
p	t	c	l	y	e	x	h	v	l
c	j	u	q	l	f	a	w	q	e

dog
cat
pet
fish
turtle
rabbit

At the Farm

Find and circle the words in the puzzle.

```
l w l s o k p s e e
l v n l r y o n p n
a j y c j p r d i m
m x r o h e n h g j
a l q w x g h c a m
f l x r b v p c n s
c h i c k e n z p b
w y s h e e p z d h
y x w g e i d k h x
l s o g p g i c y n
```

llama
chicken
cow
sheep
hen
pig

Short o Sounds

Find and circle the words in the puzzle.

e	x	b	o	x	d	g	c	h	m
x	x	i	c	l	o	c	k	s	f
n	m	o	p	n	t	o	y	c	n
k	j	h	d	j	d	r	w	q	h
p	p	u	m	g	s	d	i	d	s
v	o	h	o	n	y	d	e	q	r
y	t	f	e	r	s	h	m	h	i
z	w	i	u	s	o	f	x	d	c
p	r	y	v	f	c	j	x	d	l
x	z	f	c	o	k	d	p	e	p

pot

mop

sock

box

dot

clock

At Sea

Find and circle the words in the puzzle.

```
p g i h e l j o t d
t b v y a v s c x o
u s k c o s h e l l
m u x u c u a a a p
z n o q r v r n i h
c f i r a c k v b i
h i a w b o u l i n
u l n l w h a l e k
s e a h y n e d o l
v v f z m u z y y o
```

crab
whale
shark
dolphin
shell
ocean

Safari Sights

Find and circle the words in the puzzle.

```
f e d z z n o u q j
u z e b r a v r s d
t g i r a f f e o t
e l e p h a n t a p
z q n j s e o z j m
s m d v t r k m c o
e k o k q h l n k n
r g t l p i i t a k
r m p o r n o l p e
j k g z j o n y h y
```

zebra
lion
giraffe
monkey
elephant
rhino

WORD SEARCHES 18 SKILLS FOR SCHOOL

Backyard Bugs

Find and circle the words in the puzzle.

```
f i r e f l y i z d
f f r y b x j e j r
y o m z h a s i y z
r a b g p i c k x s
c x e o a u r d q p
d b e e n m v j h i
w h t z t d l m y d
b u l z l r o q e e
e y e x x n j e w r
t x l b u g s f q p
```

beetle
bee
bug
ant
firefly
spider

WORD SEARCHES

Short u Sounds

Find and circle the words in the puzzle.

```
v  b  i  r  q  i  v  c  z  y
e  t  m  t  d  u  c  k  t  i
v  a  z  v  y  u  s  w  e  k
n  k  f  w  e  a  p  a  u  v
m  n  m  f  l  l  j  p  t  x
e  c  j  u  g  q  a  q  b  w
f  h  u  g  y  m  v  t  u  b
z  d  h  z  m  z  w  m  x  u
o  f  j  u  u  g  p  o  v  n
a  k  u  i  g  t  k  w  c  h
```

duck
mug
jug
hug
tub
bun

Oh the Opposites

Find and circle the words in the puzzle.

```
t  b  x  g  z  q  a  u  d  u
r  u  i  y  t  y  o  u  o  g
s  z  n  o  q  n  u  p  w  b
s  g  i  c  d  u  t  p  n  r
c  x  j  q  h  d  i  n  o  z
v  c  s  v  w  t  x  d  g  k
o  r  w  v  x  r  a  z  b  w
v  u  n  d  e  r  b  k  i  u
e  p  i  q  z  y  x  c  k  u
r  o  m  w  j  k  m  p  c  p
```

under

over

in

out

up

down

Let's Go!

Find and circle the words in the puzzle.

```
n  n  p  l  a  n  e  w  n  u
d  o  t  c  o  i  s  p  t  b
q  z  r  c  g  q  s  h  n  t
g  g  e  a  v  x  i  t  u  r
k  c  y  r  t  r  u  c  k  a
v  b  e  i  c  p  h  v  v  i
y  n  g  o  f  a  p  y  j  n
n  y  b  o  a  t  w  w  h  p
g  w  u  u  c  j  z  c  r  s
a  d  s  f  b  k  o  f  i  e
```

boat
car
train
bus
truck
plane

WORD SEARCHES

Feelings

Find and circle the words in the puzzle.

```
t  t  r  e  g  d  k  y  s  h
i  h  z  o  w  r  m  e  u  a
n  j  w  i  e  n  m  y  r  p
e  w  z  w  y  s  c  l  p  p
x  m  r  n  r  a  n  g  r  y
i  s  o  q  z  d  r  d  i  c
s  e  k  v  w  v  n  e  s  k
a  t  g  e  x  c  i  t  e  d
g  b  n  a  f  r  a  i  d  k
j  k  v  k  b  e  m  q  q  s
```

happy
sad
angry
excited
afraid
surprised

Let's Play

Find and circle the words in the puzzle.

u	k	i	t	e	l	a	a	f	y
d	r	u	m	q	j	z	z	j	d
o	e	n	v	z	m	y	g	w	x
l	n	q	k	h	h	m	c	b	v
l	n	d	k	s	y	s	k	y	o
x	r	r	r	b	a	b	a	l	l
x	o	g	n	a	o	l	h	k	r
t	r	z	b	w	s	o	b	z	r
u	l	l	x	h	t	c	h	a	n
z	b	i	k	e	e	k	m	o	b

kite

doll

ball

bike

drum

block

WORD SEARCHES

24

SKILLS FOR SCHOOL

Long a Sound

Find and circle the words in the puzzle.

o	g	a	t	e	c	a	k	e	f
h	p	a	y	k	n	b	r	p	z
g	e	x	u	z	k	s	a	y	d
f	w	i	r	h	p	u	k	b	l
e	y	p	e	g	a	m	e	s	e
o	d	q	d	b	x	l	f	m	i
n	t	z	b	n	j	p	j	a	c
w	h	i	m	r	w	c	r	k	k
u	f	w	b	j	h	f	g	e	e
y	x	m	e	k	u	m	y	n	p

cake
gate
pay
game
rake
make

Clothes

Find and circle the words in the puzzle.

o	y	w	h	r	s	t	x	m	c
l	z	n	c	i	p	w	t	a	x
x	v	j	a	y	e	q	c	l	k
k	l	a	p	y	r	r	q	l	u
h	o	b	u	c	x	m	v	p	t
o	u	h	e	w	a	t	c	h	d
c	e	a	m	i	t	t	e	n	s
o	f	t	h	x	y	y	g	c	m
a	s	h	o	e	s	s	m	a	v
t	y	o	o	g	w	c	n	b	f

coat

cap

mittens

shoes

hat

watch

Look Up

Find and circle the words in the puzzle.

```
m d n s t a r t k l
u s k y s g t w l u
b o m a u n i w k v
u p x e n i g h t f
d x d a y w h w w z
p c w x i s j i m z
k t m q z c g k e t
p w b x y p m o o n
e j j r j n s h k v
x f v e s f h b j p
```

moon
sun
night
star
sky
day

Family

Find and circle the words in the puzzle.

a	b	o	u	b	k	r	i	g	q
n	r	q	n	j	c	c	a	s	t
s	o	p	g	g	p	o	w	z	b
c	t	j	r	d	r	u	q	j	u
v	h	u	a	a	s	s	k	b	q
f	e	i	n	d	i	i	s	t	w
d	r	z	d	w	s	n	l	s	c
m	z	r	p	c	t	c	a	r	x
o	h	q	a	j	e	m	j	k	y
m	c	u	t	w	r	c	e	f	q

brother

dad

mom

sister

cousin

grandpa

WORD SEARCHES

Long e Sound

Find and circle the words in the puzzle.

```
t e a m b i g i v b
o r h u y c s d f q
y c w r b w v j b k
y a u e d g n t o s
d s k a l s z w h e
x v z d q f x u v a
x n g r e e n w l t
q u e e n r s x n a
j n c a o z r m t d
p v u m j m t g t v
```

queen

green

dream

read

seat

team

29

SKILLS FOR SCHOOL

WORD SEARCHES

In a Tree

Find and circle the words in the puzzle.

x	w	o	r	m	i	o	d	w	l
t	r	e	e	o	r	z	b	l	w
u	y	w	z	x	x	d	y	p	x
n	k	n	e	x	k	m	b	g	f
n	u	e	n	l	c	k	i	y	m
c	c	s	c	m	w	l	r	v	d
l	n	t	x	g	a	r	d	u	e
c	j	v	u	c	t	o	o	x	g
p	z	e	k	m	z	q	i	s	g
n	l	o	g	j	j	n	g	h	f

log
nest
tree
bird
worm
egg

WORD SEARCHES

School Tools

Find and circle the words in the puzzle.

```
m n w m r e k h o h
z k f y u r n s d x
p a x r t a s e f m
q m g a j s m q j d
a b d s p e n c i l
a z b b q r c g p u
z l n n u o k p g e
b o o k p g l u e c
s c i s s o r s y q
p c r a y o n z r v
```

glue
book
eraser
pencil
scissors
crayon

Take Action!

Find and circle the words in the puzzle.

z	x	w	n	m	j	s	w	q	t
p	y	a	o	f	p	f	i	a	s
o	u	l	v	s	h	w	f	n	s
x	e	k	t	u	o	r	u	n	h
d	l	y	v	j	u	m	p	n	s
d	z	i	c	o	o	k	n	j	i
a	e	y	e	e	b	j	f	p	g
q	d	t	s	w	i	m	r	z	a
c	u	p	e	p	q	j	m	u	s
c	b	y	s	i	n	g	r	d	x

cook
jump
run
swim
sing
walk

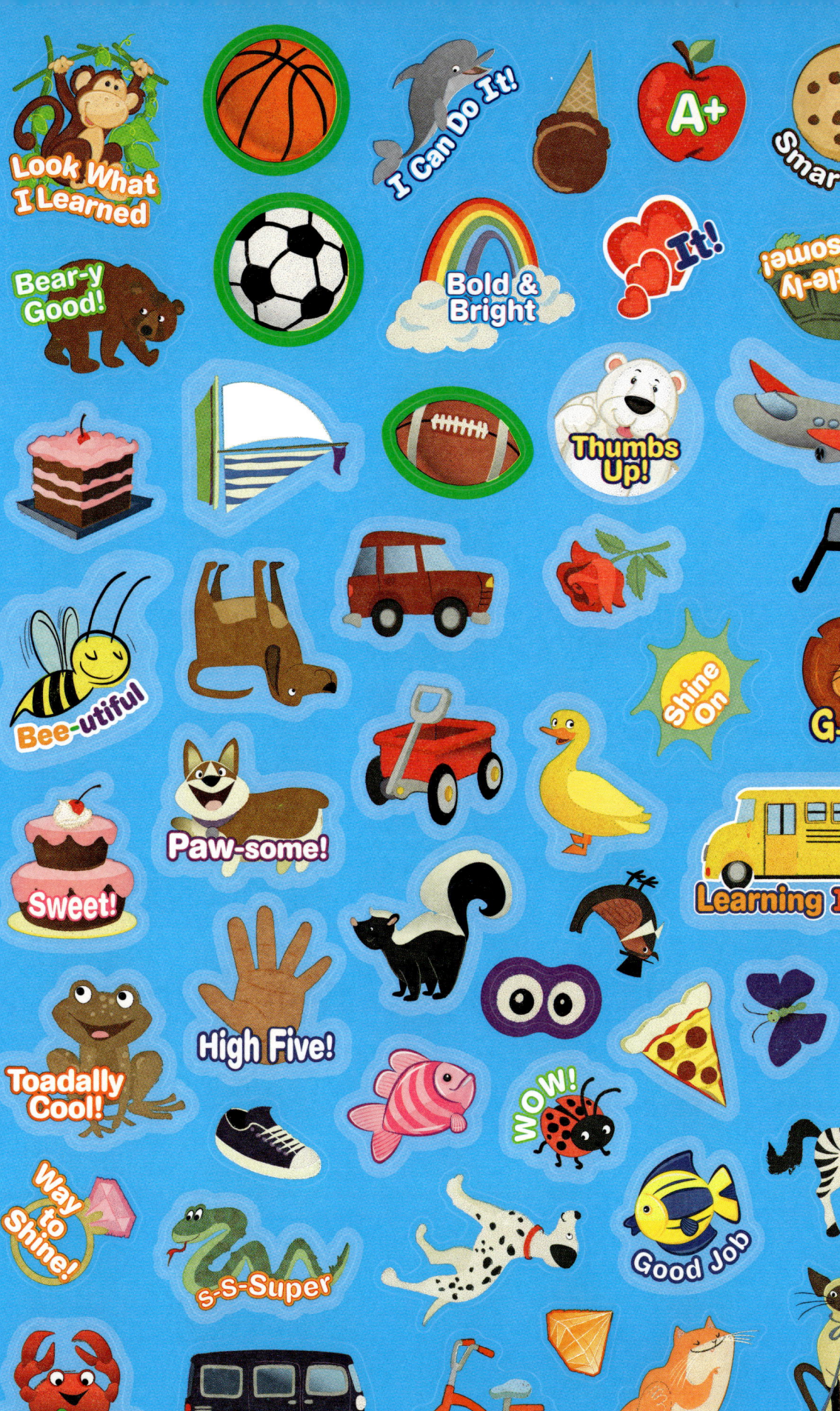

A Daily Diet

Find and circle the words in the puzzle.

```
e z f i i t h b l w
y v r z s l c r e f
z p u q n p h e t l
m z i v v t e a o u
e n t v w v e d h f
a x j w p y s i p m
t q d h e t e e q n
v e g e t a b l e s
m f s w t m i l k s
y u e f m r x q p d
```

bread
fruit
milk
vegetables
meat
cheese

Long i Sound

Find and circle the words in the puzzle.

k	d	i	m	e	y	l	z	s	g
q	p	u	j	i	n	x	q	b	x
b	a	u	i	i	a	v	r	o	c
g	m	w	h	i	k	e	y	r	s
r	j	b	b	z	t	r	l	k	x
y	i	g	l	p	p	n	p	k	q
i	p	b	l	y	z	v	t	j	f
c	i	j	x	b	h	i	v	e	b
e	e	g	k	c	n	y	e	r	i
i	r	l	i	m	e	j	v	k	o

ice
dime
pie
hike
hive
lime

In the Forest

Find and circle the words in the puzzle.

```
e r r o x s l u f n
c w s f i k b p a m
y w l o y u e b a b
v c b x v n a k p b
y s q p r k r m q n
a b k r a c c o o n
w s q u i r r e l b
z b p t k e n j f a
e f r o g i r y d o
l f n s q t p j c v
```

bear
fox
squirrel
skunk
raccoon
frog

Find the Opposites

Find and circle the words in the puzzle.

```
t  a  n  g  u  x  x  i  i  t
d  h  y  y  z  x  i  z  s  y
w  z  o  y  l  j  u  y  p  i
v  a  u  k  w  q  a  t  n  u
u  s  n  o  m  g  q  y  i  y
a  h  g  d  u  m  k  s  e  e
t  o  h  z  o  l  d  m  t  q
a  r  y  k  f  b  p  a  u  m
l  t  c  w  k  i  h  l  i  q
l  y  x  q  p  g  h  l  z  c
```

tall
short
big
small
old
young

WORD SEARCHES

36

SKILLS FOR SCHOOL

Fruity Fun

Find and circle the words in the puzzle.

```
c u b g r a p e s e
z p n i f z d c b k
e e w v o e r g l j
w a t e r m e l o n
d c s b a a g t j u
r h w d n r e h j w
j v k x g a p p l e
m d u q e s p h y x
b a n a n a e q k g
b h h w f d i s r m
```

apple
banana
grapes
orange
peach
watermelon

Long o Sound

Find and circle the words in the puzzle.

```
h r o w c n p g m b
s d t b t y q q d m
e e e m v t o a s t
r o a d z v w c s n
j s j k g j h o y r
w o f q c s t r w q
l a t j s k b o d o
t p d s d t o s o b
y m a y o b n e k u
i w n v v w e f e c
```

bone
soap
row
toast
rose
road

Places

Find and circle the words in the puzzle.

```
r  u  d  p  a  t  h  t  w  s
m  c  v  y  b  f  q  m  p  s
v  l  f  v  k  a  b  v  y  r
w  s  v  s  z  r  e  j  b  a
i  t  o  s  e  m  a  a  m  r
x  o  z  a  d  o  c  x  h  w
j  r  m  m  s  c  h  o  o  l
l  e  s  f  c  j  r  n  u  x
g  s  w  t  j  g  b  n  s  e
m  q  o  p  a  r  k  u  e  g
```

farm
store
school
house
park
beach

39 SKILLS FOR SCHOOL

WORD SEARCHES

Time to Eat

Find and circle the words in the puzzle.

```
f h c p j d d d v v
o d o l y e i i b d
r u t a b a y s c r
k d w t o c z h u j
u t l e w g q p p t
l k m f l t j b v b
f s p o o n l u d f
j z o r d w j n n j
n n l m q l m p k m
b z q a y h d d l y
```

bowl
spoon
plate
cup
dish
fork

WORD SEARCHES 40 SKILLS FOR SCHOOL

Sporty Fun

Find and circle the words in the puzzle.

```
r  r  n  l  r  w  v  l  s  b
a  t  g  t  d  s  o  w  o  k
f  o  o  t  b  a  l  l  c  r
k  c  l  t  e  r  l  p  c  d
x  x  f  m  e  d  e  w  e  p
z  l  t  q  a  g  y  y  r  s
b  a  s  k  e  t  b  a  l  l
d  j  r  z  w  t  a  f  m  w
t  e  n  n  i  s  l  m  u  r
o  s  l  e  h  o  l  e  o  v
```

soccer
football
basketball
volleyball
golf
tennis

WORD SEARCHES

Long u Sound

Find and circle the words in the puzzle.

```
s  u  s  l  r  q  i  y  v  z
e  r  j  n  l  u  g  y  g  t
e  u  n  i  c  y  c  l  e  c
c  l  u  b  r  u  s  e  n  d
q  e  j  u  d  h  w  c  c  s
h  r  l  p  y  t  x  p  u  p
n  l  s  u  m  v  q  f  b  v
c  i  b  n  c  u  t  e  e  s
g  r  g  l  u  e  o  q  v  o
c  b  s  e  w  z  z  x  g  w
```

cube
glue
ruler
cute
unicycle
use

Up in Space

Find and circle the words in the puzzle.

```
s p a c e z i m x n
h o x s r o c k e t
u e m z h v l j o l
t s o b s o m a x z
t y z g h r c j c i
l k l b h b y d o t
e g m q h i u e m p
k d r l h t n s e s
c b a p l a n e t y
b r y d u c f c o a
```

rocket

comet

space

shuttle

orbit

planet

Number Words

Find and circle the words in the puzzle.

```
f o u r d k f x a q
w t z g j h t w o g
m w s i x w n c x b
e a u a c c y j f n
g h w e t f i v e b
i n g t h y f s s u
g t o y r w v m y j
s f g u e c x g s y
q s i t e w j p s s
o n e v o b l y s f
```

one
two
three
four
five
six

Beach Day

Find and circle the words in the puzzle.

```
e v h b e m u d p k
z r z o x s a n d r
s l s h o r e a o e
i x h s a i l a m r
a w i v f v k f i t
p b n k c s u w g w
j h e r a r i v f a
z d g i x a h a m v
e r f r t b c l v e
g t f k u p a i l f
```

shore
wave
pail
sand
shine
sail

Rainforest Exploration

Find and circle the words in the puzzle.

```
r  l  r  l  x  e  b  r  u  x
t  z  k  x  r  q  o  w  e  d
i  i  g  u  a  n  a  i  n  s
g  n  i  j  g  d  r  a  d  n
e  g  n  t  o  u  c  a  n  a
r  p  k  r  r  w  a  x  j  k
r  h  w  y  i  j  k  b  b  e
y  h  e  a  l  q  e  o  h  o
q  n  o  s  l  o  t  h  f  h
w  o  r  u  a  f  g  r  s  l
```

sloth
iguana
tiger
toucan
gorilla
snake

Tend the Garden

Find and circle the words in the puzzle.

```
q z m k p c v e v a
g r a s s h o v e l
e o d v o i m n z r
x i x j j q m z i o
m r n d u t t t c o
i x q f k q n y v t
l e c c s o i l d s
p o n f o h p g u t
c k f l o w e r s e
j f p w z a h w c m
```

flower

grass

roots

shovel

soil

stem

Baby Animals

Find and circle the words in the puzzle.

```
g p r r c m x f g c
v f s z z p p n f a
j k i t t e n r i l
h z l a n c y f z f
r q o v w e l i a q
j p l k y x s q a v
x u a s y e e m t i
e p m l e v f r s a
r p b c h i c k m k
r y q f a w n k m d
```

puppy
kitten
lamb
fawn
calf
chick

When I Grow Up

Find and circle the words in the puzzle.

```
c l b w p c t o y c
o u u u o q e v e e
x s u t l q a i j p
d v b b i d c p v r
e u w j c o h a s b
n e n b e c e f v g
t x u z b t r r s g
i v r h p o t t p z
s w s u j r a j p h
t p e n g i n e e r
```

teacher
doctor
dentist
nurse
police
engineer

Tasty!

Find and circle the words in the puzzle.

y	u	n	n	b	u	w	s	s	w
t	b	i	t	t	e	r	a	o	b
j	w	f	q	t	v	b	l	c	z
u	n	j	x	m	o	c	t	y	j
i	d	u	n	c	r	k	y	s	r
c	s	o	u	r	t	b	z	p	v
y	w	m	u	v	o	f	t	i	l
w	e	t	z	n	t	c	g	c	m
z	e	c	b	s	i	r	q	y	r
z	t	z	o	q	p	h	r	w	n

sweet

bitter

spicy

salty

sour

juicy

Mountain Forest

Find and circle the words in the puzzle.

```
e s u q y o a g f j
d m c a m e l l o b
p o n h l a o p r a
d m d o y p w d e m
m o u n t a i n s b
h n d i l n l a t o
s k g z e d a c l o
s e e a g a e t f o
k y l e o p a r d e
w o s d e y j s z g
```

panda
bamboo
monkey
leopard
forest
mountain

Money

Find and circle the words in the puzzle.

```
d h l b p e n n y e
o d q h y s x n j e
n o u l a o y t c x
m l a n e s o r a f
m l r i l z p i u y
l a t c o i n s o m
x r e k x t r j q b
l f r e x t e r y q
b i l l s c l b l r
h q f z n t s c c a
```

nickel
coins
quarter
dollar
penny
bills

Winter Fun

Find and circle the words in the puzzle.

```
d a j k f u l e h r
n g l p l l x r a q
m o h o c k e y l c
i v x a h t m l f i
t v r y n q m r l c
t s k j h m s a r i
e l m n i j k w v c
n e l z l o i q a l
s d f x k p u n l e
o d k s k a t e e o
```

skate
ski
hockey
sled
icicle
mittens

Instruments

Find and circle the words in the puzzle.

```
x s h u j g p f e z
u s t c i i i v c y
v u r p n e a h q v
i k u i u g n l q n
o u m m y u o q l b
l l p w f i v e t d
i e e u s t d r r w
n l t x b a m j y a
a e q z s r v d j z
f l u t e h s b y h
```

violin
guitar
flute
piano
ukulele
trumpet

Verb Search

Find and circle the words in the puzzle.

y	x	g	b	k	r	j	l	r	k
e	t	s	t	d	w	t	a	p	g
i	b	i	h	k	r	x	u	l	t
a	y	f	r	i	s	t	g	a	e
k	i	d	o	n	k	w	h	y	k
f	g	o	w	r	i	t	e	p	q
h	a	z	b	t	p	q	z	n	h
k	q	a	k	m	a	h	g	h	x
w	d	c	a	t	c	h	s	j	s
v	z	v	r	m	h	l	o	e	r

laugh
catch
write
throw
play
skip

Answer Key

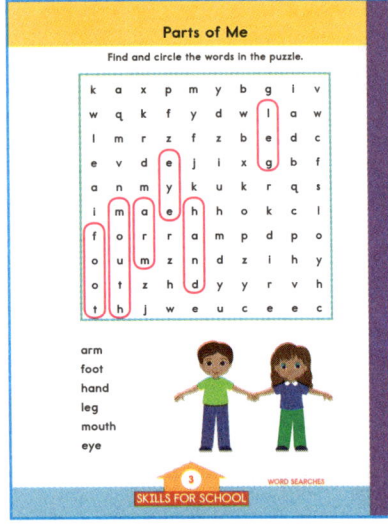

Page 3

Page 4

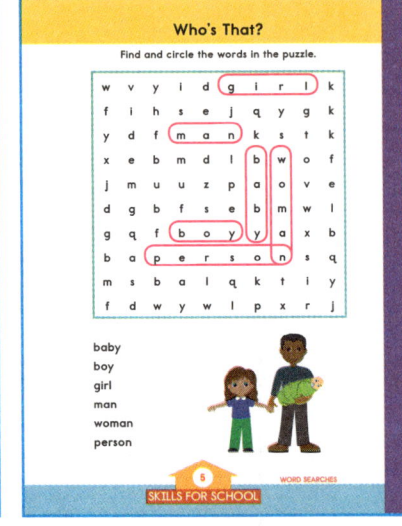

Page 5

Page 6

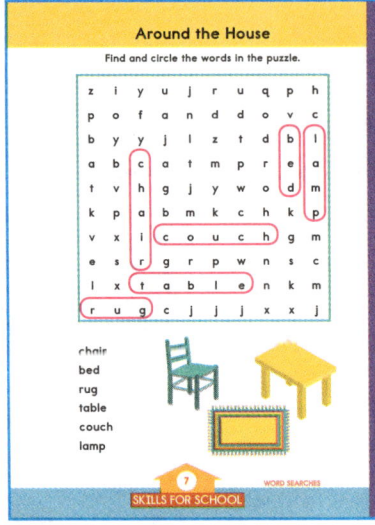

Page 7

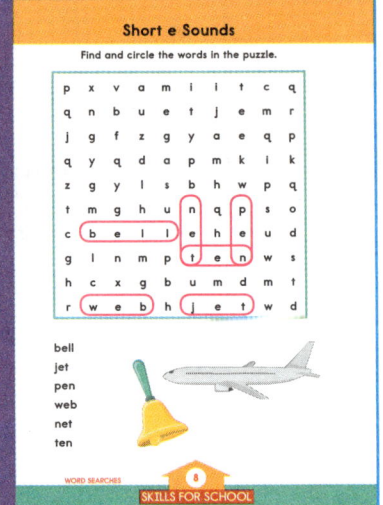

Page 8

Answer Key

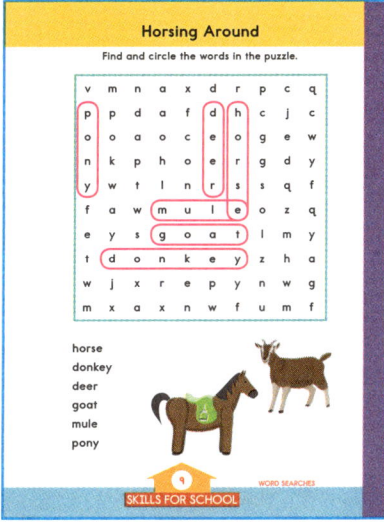

Page 9

Page 10

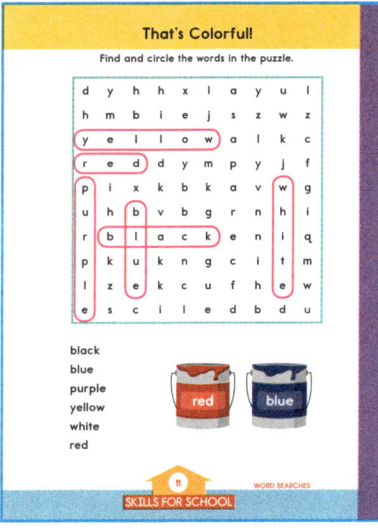

Page 11

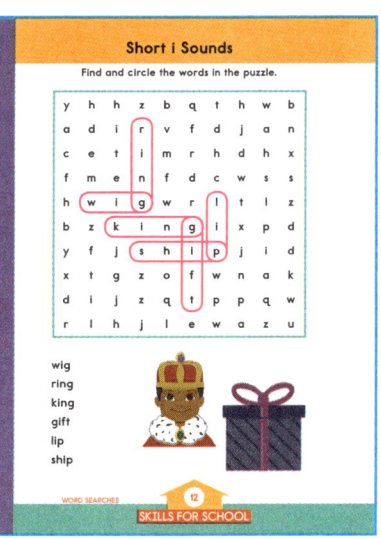

Page 12

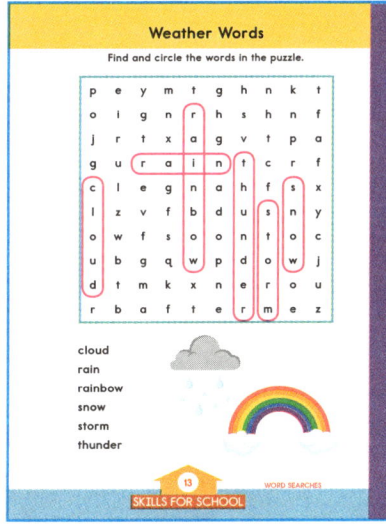

Page 13

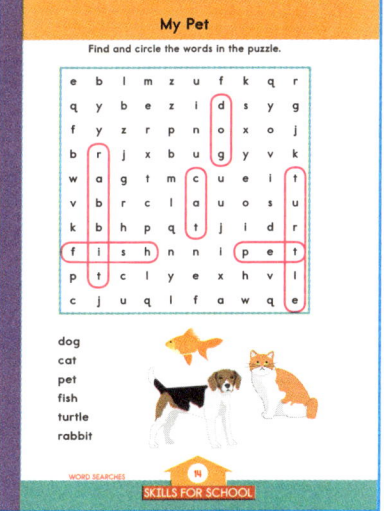

Page 14

Answer Key

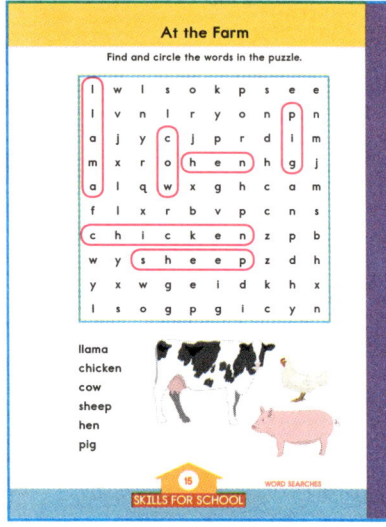
Page 15

Page 16

Page 17

Page 18

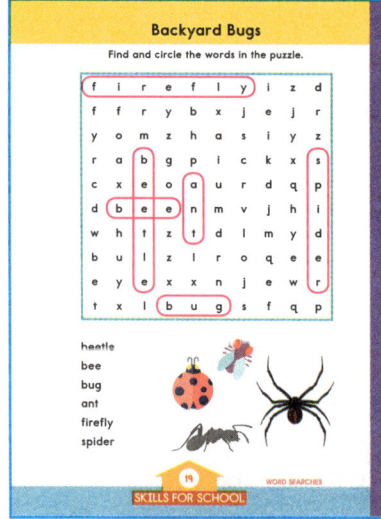
Page 19

Page 20

Answer Key

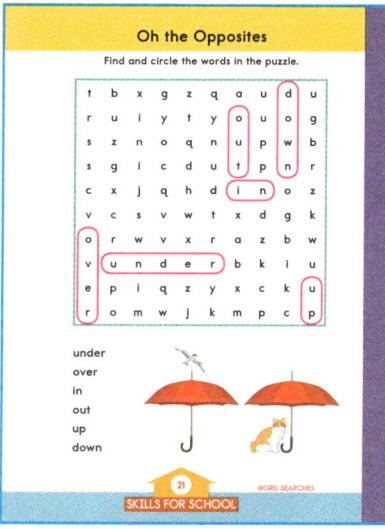

Page 21

Page 22

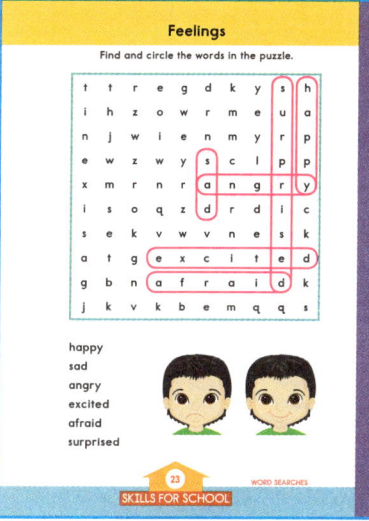

Page 23

Page 24

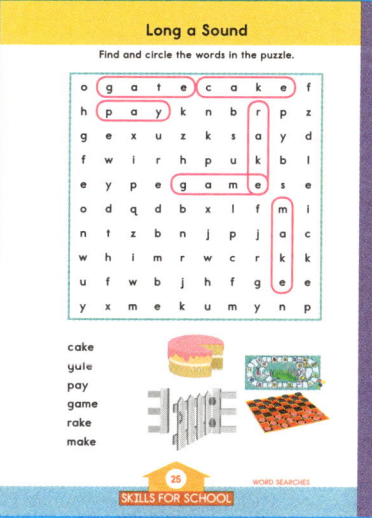

Page 25

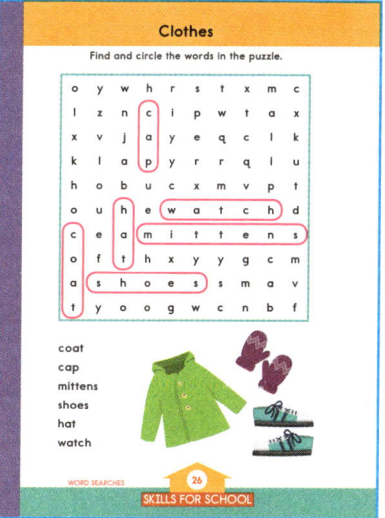

Page 26

Answer Key

Page 27

Page 28

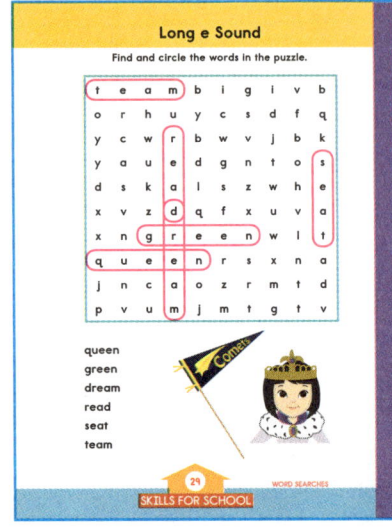
Page 29

Page 30

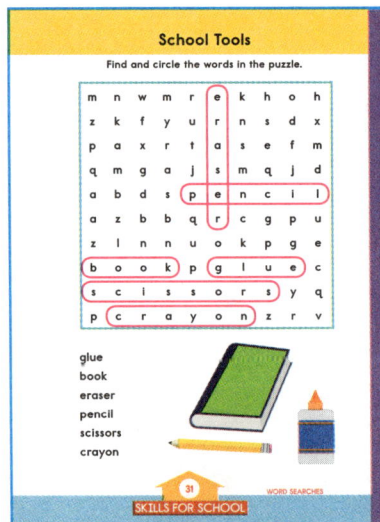
Page 31

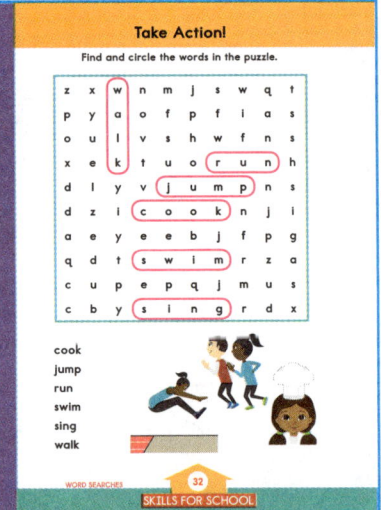
Page 32

Answer Key

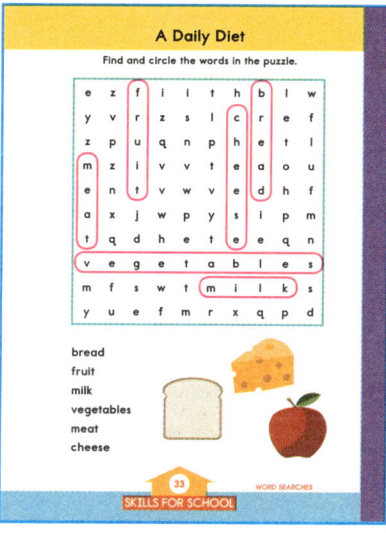
Page 33

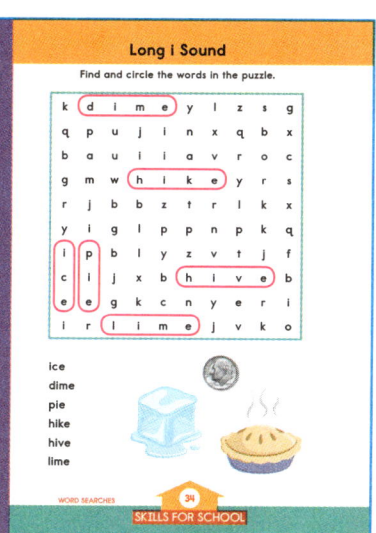
Page 34

Page 35

Page 36

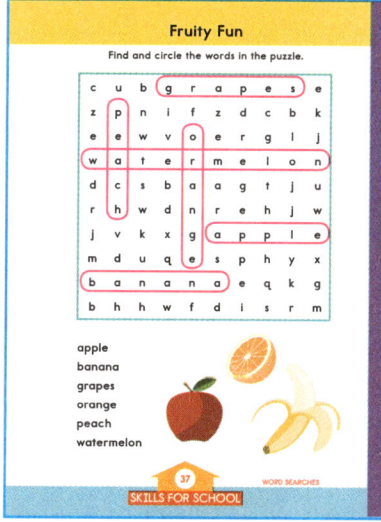
Page 37

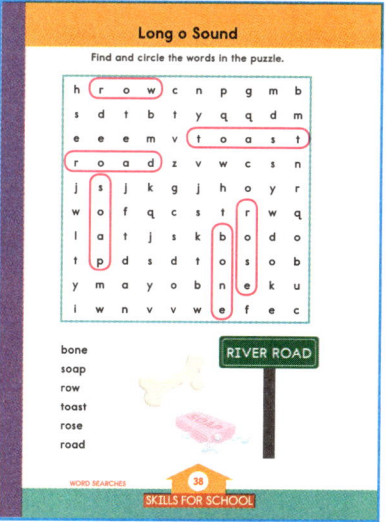
Page 38

61

WORD SEARCHES

SKILLS FOR SCHOOL

Answer Key

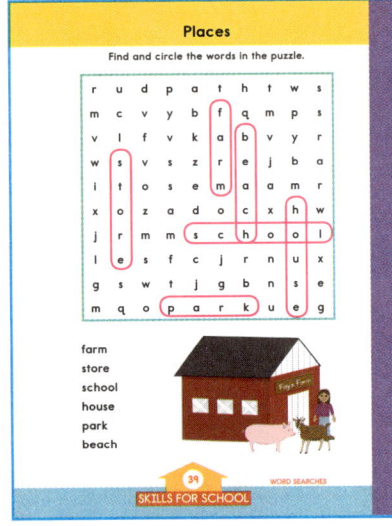

Page 39

Page 40

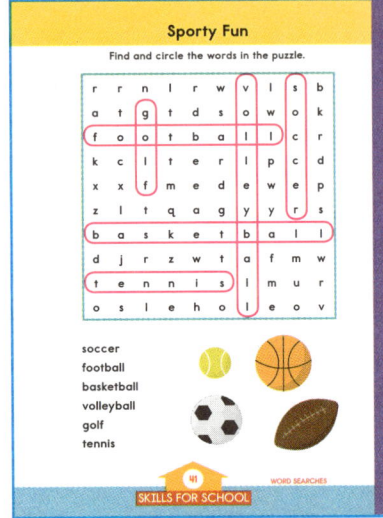

Page 41

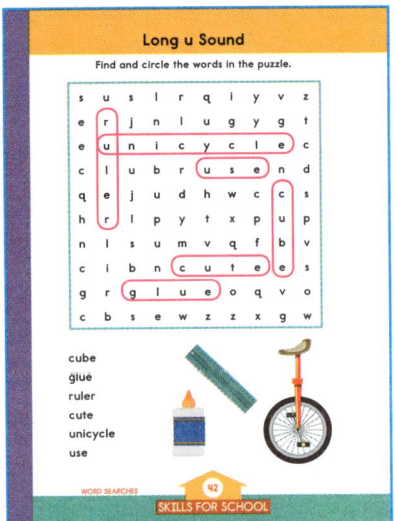

Page 42

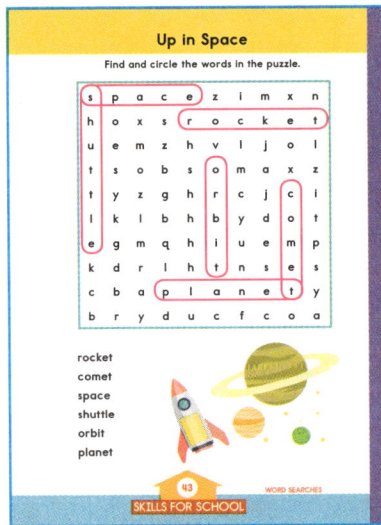

Page 43

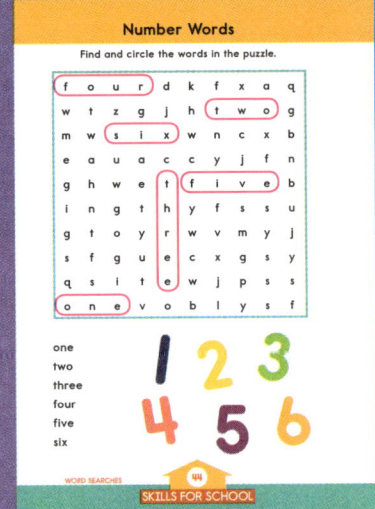

Page 44

Answer Key

Page 45

Page 46

Page 47

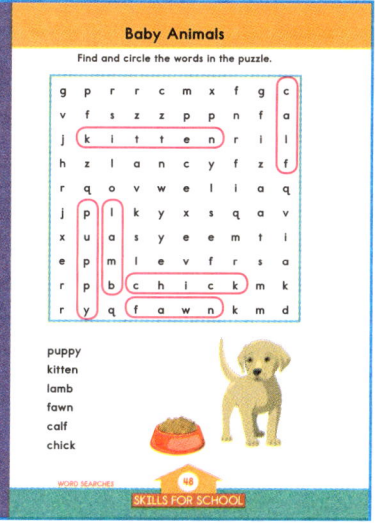

Page 48

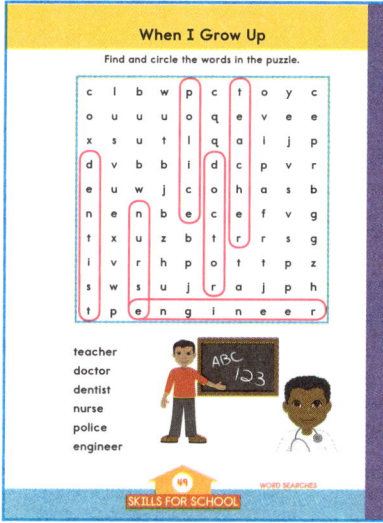

Page 49

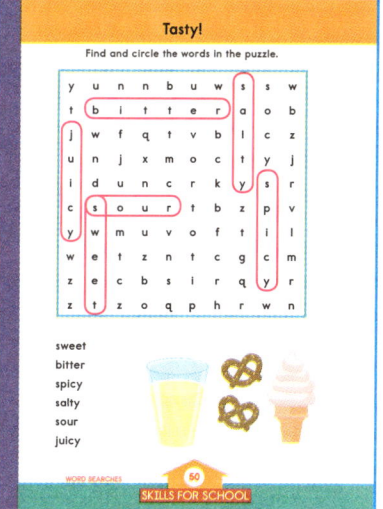

Page 50

WORD SEARCHES

Answer Key

Page 51

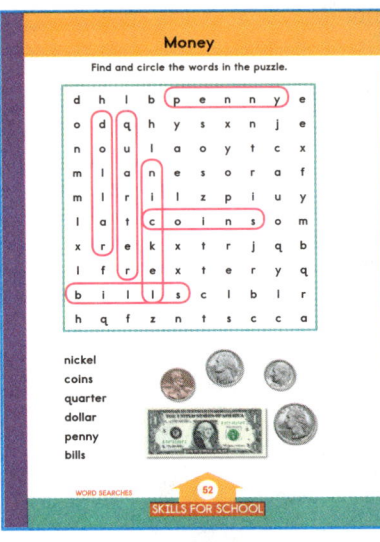

Page 52

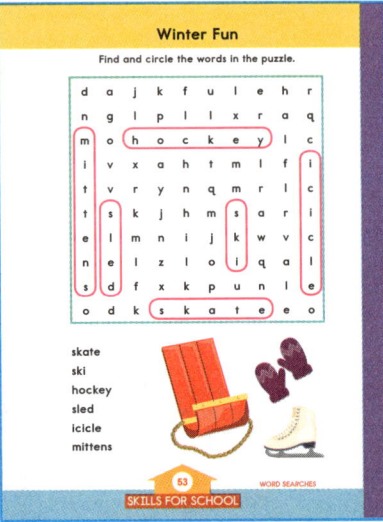

Page 53

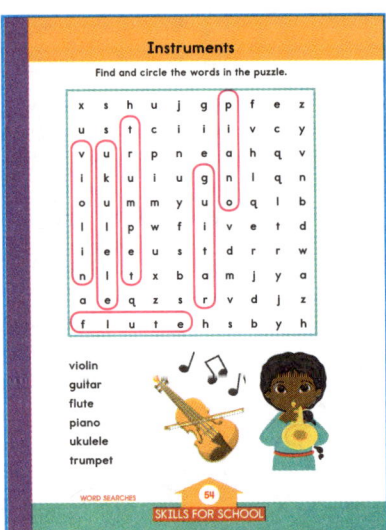

Page 54

Page 55